Armin Dietersberger

Beata

**Eine lyrische Wiederentdeckung
der Zärtlichkeit**

Für die Frau,
die mir den Glauben
an die Zärtlichkeit
zurückgegeben hat

Märchenfee

Kinder brauchen liebste Schätze und süße Geheimnisse, die sie – je nachdem verwegener Pirat oder hübsche Prinzessin in versteckten Truhen oder geschmückten Kästchen aufbewahren. Über die Jahre jedoch vergisst der Mensch aufgrund seiner Erfahrungen, die er oftmals wie einen dunklen Schatten hinter sich her schleppt, seine höchsten Schätze zu hegen. Aber zum Glück gibt es Zufälle im Leben, die sich im Kennenlernen äußern. So kam ich kürzlich in den Genuss, eine Frau zu beobachten, die mit großem Geschick die längst vergessenen Ode der Kindheit fertigte; hübsch verzierte Kästchen und Truhen für kleine Abenteurer. Wie eine Märchenfee, dachte ich und fasste den Mut, die Frau anzusprechen. Und siehe da, es entwickelte sich ein angeregtes Gespräch, in dem sie meine These vom verschütteten Schatz nicht nur bestätigte, ja sogar behauptete, Schätze seien gänzlich verloren gegangen. Und das glaube ich nicht ganz: Auch eine Märchenfee muss doch etwas zum Anlehnen haben, sie müsste sich nur trauen, das richtige Kästchen zu öffnen...

Nebelherz

Ein Blick aus dem Fenster genügt
Nebel bestimmt das Draußen
unwirtlich und trüb

Bilder, die sich gleichen
zwischen dem, das du siehst
und dem in deinem Herz

Wehe es besteht da
ein Zusammenhang
dann gnade dir dein Gott

Wie um Himmels Willen
wird es denn erst sein
in deinem tiefsten Herbst

Kopf oder Zahl

Wer ist stärker

Gefühle oder Ängste

Herz oder Hirn

die Qual der Wahl

Kopf oder Zahl

Vor die Entscheidung gestellt

hilft kein wenn und aber

im Zweifel ist `s immer falsch

wie wär `s wenn

ach, hätt` ich doch

Warum nicht eine Münze werfen

und abwarten, was kommt

Spiel der Liebe

Lohnt es sich zu investieren
oder sollte man probieren
bevor man sich verrennt
zu löschen, was da brennt
mit der bösen Konsequenz
dann macht `s die Konkurrenz

Und sehnsuchtsvoll blickt man zurück
auf sein entgangenes Glück
betet, bittet, bettelt leise
es ginge nochmals auf die Reise
doch längst ist `s freudig anderswo
das Spiel der Liebe spielt halt so

Sein größter Wunsch

Das Jahr der Trauer ist vorbei
du hast gelitten
doch nun ist `s gut

Behalte die Erinnerung
doch sei nicht länger gram

Das will bestimmt dein Vater auch
und dass du glücklich bist
wär` sicherlich sein größter Wunsch

Vielleicht hat er dir deshalb
auch mich geschickt...

Lichtblick

Weshalb hast du je gehört

die Augen aufgetan

wenn alles jetzt so ist

wie `s ist

Warum hast du nie gesprochen

nur gesagt

weil alles so ist

wie `s ist

Wozu dient dein Atem

deine Luft

zu einem Leben

das mehr Kraft besitzt

als jeder Verdruss zuvor

zu einem künftigen Leben

mit mir

Besondere Reize

Hoffnung als Nachbar der Verzweiflung
Körperwiderstand macht blind
gegen die Gefühlsgewalt

Gegenwehr unantastbar
immer noch taub
aufgewacht und nachgedacht
ohne einen Ton zu sagen
mach` mal halblang
gesetzt statt gehetzt

Welches ist der Sinn?
Verliebter Schmetterlingsbauch
Polen hat besondere Reize

Ein kleines Bisschen

Du bist ein toller Typ
ach, wie bin ich `s leid
ich möchte spielen, tollen, tosen
nicht bloß ein bester Freund sein
ich will doch nur ein kleines Bisschen...
man kann nicht alles haben

Du bist ein besonderer Mensch
ach, wie hab` ich `s satt
ich möchte lutschen, lecken, kosen
nicht bloß ein bester Kamerad sein
ich will doch nur ein kleines Bisschen...
mehr

Strafarbeit

Ich darf nicht mehr an dich denken! Ich darf nicht mehr an dich denken! Ich darf nicht mehr an dich denken! Ich darf nicht mehr an dich denken! Ich darf nicht mehr an dich denken! Ich darf nicht mehr an dich denken! Ich darf nicht mehr an dich denken! Ich darf nicht mehr an dich denken! Ich darf nicht mehr an dich denken! Ich darf nicht mehr an dich denken! Ich darf nicht mehr an dich denken! Ich darf nicht mehr an dich denken! Ich darf nicht mehr an dich denken! Ich darf nicht mehr an dich denken! Ich darf nicht mehr an dich denken! Ich darf nicht mehr an dich denken! Ich darf nicht mehr an dich denken! **Ich darf!!!!**

Flockenwirbel

Schnee fällt über Torun
du brauchst Nähe
und du hast Angst
hast du gesagt

Schnee fällt über Gauting
mir ist behaglich und warm
wir werden sehen
hab` ich gesagt

Wo ist es warm?
Was liegt nah?
Was sind die Möglichkeiten?

Schau` einfach vorbei
hab` keine Angst
genieße die Wärme mit mir!

Zum inneren Kern

Entdecke dich!
Wohin willst du?
Was ist der Kern?
Wie fühlt sich `s drinnen an?

Die Reise ist lang
und beschwerlich
doch sie lohnt
lass es zu und los

Manchmal tut es weh
doch mit jeder Träne
wirst du stärker
ein Stückchen mehr du

Übernachten

Ich hab` mir gedacht
heut` übernacht`
ich mal bei dir
nur so
oder weil ich mich
sonst einsam fühl`

Dann können wir quatschen
miteinander lustig sein
uns gemeinsam
an der Nacht erfreu`n
und
wenn `s dann doch
was ich eigentlich gar nicht wollte
in den Laken enden sollte
wär `s auch nicht schlimm

Wie Musik

Ein Tag mit dir ist wie Musik

Er beginnt ganz piano, largo
indes er sich fortwährend steigert
gegen Mittag mezzoforte
andante die Geschwindigkeit
und dann am Abend
das Finale furios
forte
um Prestige
in einem Crescendo zu enden
mit Tremolo zum guten Schluss

Große Oper
- eine vollkommene Symphonie

IKEA

Wenn schon allein
deine bloße Anwesenheit
mich
von meinen Ängsten befreit
wie wird es erst
wenn ich mit dir sprech`
dich berühr`

Deine Antwort weckt mich auf
ich spür`
das Wandern meiner Finger
über deinen Körper

Wohnen anstatt leben!

Blöd

Heute kommst du zu Besuch
ich werde dich bewundern und bestaunen
    dein Haar
    deine Augen
    deinen Mund
    deine Grübchen
    deine Brüste
    deinen Körper
und ich werde
an deinen Ohrläppchen knabbern
ich werde dich umarmen
ganz fest
dich mit Küssen übersäen
und auffressen

Wie blöd von mir
fresse ich dich auf
habe ich nichts mehr von dir...

Falsch herum

A m Anfang allenthalben

T rostlose Trübe tonnenschwer

A ber am Abend

E ndlose Erleichterung endlich

B eim besinnlichen Beisammensein

Sonne

Ich kann die Welt ertragen
ohne sie verändern zu müssen
bist du bei mir
Vertrauen ist kostenlos
- ich liebe dich

Wozu das ganze Trara
meine Ängste wie weggeblasen
nur noch Sonne
- wieder liebe ich dich

Warum ist der Alltag
wie er ist
mich interessiert es nicht
die Zukunft wird grandios sein
- ich liebe dich einfach so

Polnisch - Bayrisch

Amtssprache ist Deutsch
du verstehst kein Bayrisch
und für mich ist Polnisch
ein Buch mit sieben Siegeln

Und so können wir
gemein zu einander sein
ohne Reue
ohne Scham
obendrein vor allem
ohne dass der eine
auf den anderen
böse zu sein braucht

Schimpfworte wie
„Bluadsdeandl elendigs" (böses Weib – Anm. d. Red.)
oder

„Skurwysyn" (Hurensohn – Anm. d. Red.)
klingen dadurch wundervoll zärtlich
oder gar romantisch

Sind das nicht paradiesische Zustände
und die beste Voraussetzung
für eine
glückserfüllte gemeinsame Zukunft?

Gemeinsam tun

Zeit der Gemeinsamkeit, unsere Zeit! Eine schöne Vorstellung.

Wir reden gemeinsam, wir lachen gemeinsam. Du nähst und ich schreibe ein Gedicht für dich in unserem gemeinsamen Arbeitszimmer und wir spüren unsere Nähe. Du gestaltest deine Kästchen und Truhen und ich baue eine neue Pfeife in unserer gemeinsamen Werkstatt. Wir genießen gemeinsam die Gegenwart des jeweils anderen. Wir kochen gemeinsam unser Lieblingsgericht und nach dem Essen folgt der gemeinsame Abwasch; du spülst, ich trockne – die ideale Arbeitsteilung. Und wenn wir uns am Abend in unser gemeinsam gekauftes Doppelbett zurückziehen und uns zärtliche Liebesworte, z. B. „Bluadsdeandl elendigs" oder „Skurwysyn" ins Ohr flüstern, um dann Arm in Arm einzuschlafen, ist die Welt in Ordnung – unser vollkommener gemeinsamer kleiner Kosmos; das perfekte Idyll.

Einfach

Manchmal frage ich mich
wer bist du, was machst du
wozu bist du fähig
ohne dich
bin ich einfach nicht ich

Küss` mich wach
lieb` mich einfach
mach` alles mit mir
ich halte es einfach aus
da gibt `s kein Murren

Du bist einfach erregend
nicht nur sexuell
sondern einfach
als DER Mensch
an meiner Seite

Grundfunktionen

Grausamer Frühling
kalt – allein
du bist nicht da
immerzu Regen im Herz
vergessen zu essen
kein Appetit

Wozu atmen
ist eh umsonst
und was nichts kostet
nichts wert
aber doch das höchste Gut
verkannt – vergessen

Wieder lernen müssen
zu hören, fühlen, sehen
iss jetzt endlich!

Ravioli um Vier

Wie geht es dir

ich hoffe gut

ja

ich habe gegessen

Ravioli früh um Vier

hat sogar geschmeckt

hattest du einen guten Tag

schön

freu` mich drauf

dich wieder zu sehen

und damit es nicht zu teuer wird

ich hab` dich...

Bussi

und pfiad di

Jeder einzelne Tag

Jeder Tag

ich werde warten

widerstandsfähig

trotz Anschlag auf meine Seele

jeden einzelnen Tag

ich weiß nicht wie pariert

Wozu denn leben wir

immerzu

jeder Tag ein Attentat

während ich mich ordne

Denn Herz und Kopf

sollen rein sein

eins sein

für den Zauber

den du mir gibst

jeden einzelnen Tag

Kann Liebe Sünde sein?

Vorab sei mir die Anmerkung erlaubt, gewiss ich liebe dich und will alles für dich tun, mit aller Zärtlichkeit und Kraft, die mir zur Verfügung steht.

Doch habe ich dich nicht längst instrumentalisiert, dich zum Richter über mein Wohlergehen gemacht und dabei meine Selbstverantwortung vergessen? Wie könnte es sonst sein, dass es mir gut geht, solange du bei mir bist, wir uns sehen, und ich in ein tiefes Loch falle bis hin zum totalen psychischen und körperlichen Verfall, sobald du weg bist?

Ist es nicht so, dass ich dich dadurch unter Druck setze, dich ausnutze, so dass es dir zwangsweise schlecht ergehen muss? Das hat dann mit Liebe nichts mehr zu tun, sondern ist eine perfide Art der Sklaverei. Ich wäre sündig, und ein weiterer Kontakt sinnlos, ja sogar schädlich.

Wie empfindest du mich? Sind meine Gedanken für dich abwegig? Bin ich auf dem Holzweg oder hast du auch schon in diese Richtung gedacht? Lass es mich wissen, damit endlich Ruhe einkehrt in unseren Geist.

Matsch

Da ist nur Matsch
in der Birne des Vergessens
unerledigte Dinge stapeln sich
und ich bin sowieso nicht fähig
sie zu regeln

Wieder eine dieser seelischen Senken
Gegenwart der ungebändigten Sehnsucht

Doch nun gibt es
keine Ausflüchte mehr
bald hast du sie ja wieder
und holst sie heim
deine große Liebe

In Ruhe

Ich finde dich rastlos vor
du tigerst hin und her
machst dir Gedanken
über dies und das
bloß keine guten

Sorgen bestimmen dein Handeln
das von Hektik getrieben
im Sinnlosen verpufft

Weißt du
was dir fehlt
einfach mal in Ruhe
nichts tun

Tausend Freunde

Ja, die ewige Suche
nach was
na klar

Ja, das ewige Streben
wonach
logisch

Ja, der ewige Kampf
wofür
liegt auf der Hand

Ja, das ewige Bangen
weshalb
darum

Tausend Freunde
können die
EINE Liebe nicht ersetzen

Dämonen

Die Dämonen unserer Kindheit
verfolgen uns
immer immer wieder
aber wie
- Worte, die du gern benutzt

Die Dämonen unserer Jugend
bestimmen uns
da hilft kein Vater unser
da hilft kein Fluchen
sie sind der Fluch

Doch denken wir mal positiv
zugleich sind sie Segen
weil ohne die Dämonen
gäb `s
weder dich für mich
noch mich für dich

Glücksmomente

Strahlend blauer Himmel heute
das saftige Grün der Bäume betört
sanfter Wind zieht durch den Innenhof
meiner begrenzten Welt

Der Schleier der Gedanken
mein ständiger Begleiter
mit einem Male wie weggeblasen
flüchtig zwar, aber doch

Das sind die seltenen Momente
in denen ich mich wohl fühle
und vergesse, wie krank ich bin
krank vor Sehnsucht nach dir

Wenn

Wenn ich wieder heil bin
wird die Zukunft rosig sein
werde ich die Welt einreißen
und nicht nur so tun als ob
- mit dir

Wenn es mir wieder gut geht
wird das Morgen golden sein
werden alle Tore offen sein
und nicht verriegelt durch ein Schloss
- mit dir

Doch wenn
geht alles nur mit dir
- einzig mit dir

Geht es dir genauso?

Deine Gefühle –
so wild

Deine Blicke –
so sanft

Deine Worte –
so warm

Dein Zuhören –
so geduldig

Deine Berührungen –
so zart

Deine Sinne –
heilender Balsam
für meine geschundene Seele

Die Kraft zu tanzen

Von Fall zu Katastrophenfall
gestaltet sich Alltägliches zur Qual
doch du gibst mir durch dein Sein die Kraft
dass man auch zwei Treppen auf einmal
schafft

Du gibst mir Kraft
bist meine Antieinsamkeitsdepridroge
besonders wenn du mit mir lachst
auf unserer Zweisamkeitsfreudentaumel-
woge
kannst mich erden
lässt das Unmögliche möglich werden

Ach,
das Leben mit dir ist einfach schön
warum also nicht auch mal tanzen geh`n

Sina

Im Garten sitzen und den Ameisen
beim Paarungsakt zusehen
auf deinen Anruf warten
an dich denken
und deinen Hund

Überhaupt dein Hund
er liebt mich
begrüßt mich stets freudig
mit wedelndem Schwanz
und gibt mir Pfötchen

Wenigstens der
sinniere ich
und übersende
einen stillen Gruß
sowie einen Knochen an ihn

Ach übrigens –
damit du nicht eifersüchtig bist
küsse ich dich
in Gedanken
recht herzlich

Zweifellos

Oh, wie ist es doch beglückend
Entschluss gefasst
zack umgesetzt
und alles, wirklich alles gut

Doch plötzlich entsteht da
regelmäßig dieser Zweifel
was wäre wenn und aber
der uns verzweifeln lässt

Über jeden kleinsten Zweifel erhaben
und alle Fehler zu vermeiden
so ist das Leben weder noch
oder....
vielleicht doch

Dieses eine Leben

Ritt auf des Messers Schneide

pass` auf

dass du nicht verblutest!

Russisch Roulette

gib acht

dass du nicht verlierst!

Auf eigene Gefahr

du und ich

hier und dort

stets und immer

hüben wie drüben

wir haben ja uns, oder?

Risikoreiches Unterfangen

hoffentlich bleibt es

wohin du blickst

du musst nur sehen

es hat viele schöne Seiten

dieses eine Leben

Erkenntnis eines gebrauchten Tags

Viel Weh und noch mehr Ach
heute werd` ich gar nicht wach
gehe wie benebelt durch den Tag
einen Tag, der mich gar nicht mag
ich komme einfach nicht in die Gänge
jede Sekunde zieht sich in die Länge

Irgendetwas stimmt da nicht
verriet mir dein Gesicht
als du endlich zu mir kamst
und deinen Platz neben mir einnahmst
auch wenn du Millionen Eide schwörst
es ist so, dass du mir nie ganz gehörst

Hin- und hergerissen

In einem gnadenlosen Akt der Selbstüberschätzung entließ er sich selbst aus der Psychiatrie und landete im Hafen der Ehe. Vom Regen in die Traufe! Ja, ja, erwiderte sein Gegenüber, ich fahre auch dreimal im Jahr nach Thailand zum Poppen – bei uns ist Sexualität ja viel zu komplex. Warum also nicht den Mond anbeten in einer regenverhangenen Nacht? Weil Fische Kiemen haben zum Atmen und Schuppen im Haar. Tut mir leid, diese Art der Kommunikation unterfordert meinen Intellekt, ich bin mehr der pantomimische Typ und außerdem will ich mit Elefanten nichts zu tun haben. Was das alles soll? So ähnlich müssen Frauen denken, besonders dann, wenn sie zwischen zwei Männern hin- und hergerissen sind.

Atmen

Enttäuschung
aufgrund arglistiger Täuschung
Frust
da schmerzlicher Verlust

Heute kleide ich mich schwarz
ich trage Trauer

Auf die
richtige Atmung kommt es an
einatmen
ausatmen
in ruhiger Frequenz
was hilft `s?

Alleinsein
kann man lernen
Einsamkeit nicht

Nach dem Schock

Inspiriert durch Electronic-Mixes
im Fiebertraum aus Wein
dämmere ich alleine
Mitternacht entgegen
du warst gestern so komisch
so anders als sonst

Dabei will ich doch nur dich
voll der Sehnsucht
nach trauter Einigkeit
einer heilen Welt
die man weiter Partnerschaft nennt
damit wär` ich schon zufrieden

Im Wahn

Ist meine Liebe zu dir krankhaft
so krank wie ich selbst
diese Frage
kannst nur du beantworten
fühlst du dich bedroht?

Ist meine Liebe zu dir zwanghaft
so wie ich von Zwang geleitet
nur du
kannst die Antwort geben
fühlst du dich bedrängt?

Ist meine Liebe zu dir unheimlich
so wie ich mir unheimlich bin
weißt du
eine adäquate Lösung
fühlst du in dir Angst?

Ist meine Liebe zu dir ehrlich
so ehrlich ich immer war
bitte
gib mir doch ein Zeichen
fühlst du noch Liebe für mich?

Miteinander lernen

Bist du partnerschaftsfähig
oder liebst du von der Hand
in den Mund

Bin ich ein Dulder
oder schlicht ein Höriger
wahrheitsfremder Phantast

Schwierige Fragen
in stürmischer Zeit

Wir werden
unsere Probleme nicht lösen
können aber lernen
damit umzugehen
zu unserer beider Wohl

Offener Brief

Es geht darum, dass ich um halb fünf Uhr erwachte, und mich die selben Gedanken beherrschen, wie am Abend zuvor bis ich einschlief, spät – aber immerhin. Es geht darum, dass sich diese Gedanken nur um dich drehen, dass du mich verletztest und den Fehler, den ich daraufhin beging. Es geht darum, dass ich deine Ängste schürte, obwohl ich es niemals wollte. Es geht darum, dass ich aus einer Notlage heraus handelte, aus tiefster Hilflosigkeit und Verzweiflung, was jedoch keine Ausrede oder Entschuldigung für mein Verhalten sein kann und auch nicht sein darf. Es geht darum, dass ich das Geschehene nicht mehr rückgängig machen kann, obwohl ich es so gerne möchte. Es geht darum, dass du das weißt. Es geht darum, dass ich will, dass es dir gut ergeht, am besten mit mir, und dass du fortan glücklich bist. Es geht darum, dass ich dir niemals mehr wehtun und alles wieder gutmachen werde. Es geht darum, dass es eine Zukunft gibt – gemeinsam, in Ehrlichkeit, Vertrauen und Harmonie. Es geht darum, dass du mir verzeihst und es geht vor allem darum, dass ich dich von ganzem Herzen liebe.

In deiner Hand

Verwirrung im Beziehungsgeflecht
du hast mir einen Stich versetzt
ich habe dich enttäuscht
dabei müssten wir beide wissen
wie gut es um uns steht
wir haben uns in einer verrückten Welt

Doch wird unsere Liebe stark genug sein
dass sie diese Stürme aushält
die uns immer wieder bedrohen
kann sie dauerhaft der Anker sein
der uns im sicheren Hafen hält
- ich glaube es, wenn du nur willst

Mülleimer

Nimm dir

was du benötigst

ich halte es aus

mit aller Geduld

verletze mich

wann immer du willst

ich ertrage es gelassen

im Rahmen meiner Möglichkeit

benutze mich

für den Müll deiner Seele

voller Verständnis werde ich

zur Verfügung stehen

Schmutzig schöne Erfahrung

missbraucht zu werden

und sich doch

überlegen zu fühlen

Niemand sonst

Wenn du reden musst
ich bin sicher
mit mir kannst du es tun

Wenn du Schutz bedarfst
ich bin sicher
ich kann ihn dir geben

Wenn du Trost benötigst
ich bin sicher
ich kann ihn dir spenden

Wenn du Zärtlichkeit brauchst
ich bin sicher
ich kann sie dir bieten

Wenn du glücklich sein willst
ich bin sicher
mit mir kannst du `s werden

Wenn du geliebt werden sollst
ich bin sicher
ich bin DER Mann

Schritt für Schritt

Man darf erst

Sterne zählen

wenn sie funkeln

erst dann weiß man, was zählt

man muss erst

irre werden

und irr gehen

bevor man seinen Irrtum erkennt

Man kann erst

Nähe spüren

wenn man näher weiß

man ist sich nicht zu nah

man soll erst

befreit sein

um frei zu sein

für den, der der richtige ist

Barfuß durch die Glut

Wenn Angst dich bestimmt
gib dich nicht hin – kämpfe
spiel` mit dem Feuer
was kannst du schon verlier`n

Gewiss, es mag brennen in dir
halt es aus – im Zweifel
gibt es immer ein Zurück
nur mit einer Narbe mehr

Barfuß durch die Glut
um deine Ängste zu überwinden
du wirst sehen, es gibt Fälle
in denen sich die Hitze lohnt

Freud

Es gab ein Wir, das so nicht funktionierte; gefangen in deinem alten Du, geprägt von Ängsten der Vergangenheit; gefangen in meinem alten Ich, gespeist von Zwängen und Mustern.

Wenn wir nun aber dein altes Du und mein altes Ich durch ein neues ersetzen, kann es dann sein, dass dein neues Du, mein neues Ich der Meinung sind, es mache weiter Sinn mit uns beiden, dann wäre ein Neustart von Erfolg gekrönt.

Könnte theoretisch aber auch sein, unsere neuen Dus und Ichs wären uneins, dann käme alles ganz anders – auf einen Versuch kommt es an. In jedem Fall wäre er lohnenswert und reizvoll. Denn dass wir etwas für einander empfinden, liegt auf der Hand.

Gschlamperts Verhältnis

Du:

unentschlossen und zerrissen

Ich:

zwar getrennt, doch nicht geschieden

Wir:

problembeladen, aber höchst affin

In Deutsch

da war doch was

ah genau

„offene Beziehung"

nennt man das

Des is a unguads Gfui

fällt mir auf Bayrisch ein

„a gschlamperts Verhältnis"

kann `s das wirklich sein?

Umgekehrt

Wie es weitergehen soll
wir wissen `s nicht
alles offen
die Köpfe voll von wirren Ideen
keine Ahnung
was die Zukunft bringt

Vielleicht
ist es gerade dies Ausweglosigkeit
die uns
zusammenschweißt

Dann wäre Negatives
mit einem Male
umgekehrt zu Glück

Mitleid und Vertrauen

Wenn Telefonate nur noch
von Mitleid bestimmt sind
und nicht mehr von Liebe
ist es das Beste
bevor man sich trennt
Zeit verstreichen zu lassen
und das Seine dazu zu tun
dass alles wieder werden möge
wie es beizeiten war

Vertrauen wieder zu gewinnen
ist schwer –
verdammt schwer sogar
aber nicht unmöglich

Ich will!!!

Falscher Stolz

Du entziehst dich
mehr und mehr
meinst du
ich merk` das nicht

Kein Tag ohne Krämpfe
Tränen als Programm
nur du
merkst das nicht

Weil ich nicht will
Männer sind stark
die tun das nicht

Eigentlich ist `s grundverkehrt
falscher Stolz
ist eh nichts wert

Kein Yin Yang

Du warst das Yin für mich
ich war dein Yang
der Gegenwart ins Auge geblickt
es ist nicht mehr so
kein Yin und kein Yang mehr
zwischen uns
warum zweifelst du
was habe ich getan?

Wird vielleicht nie mehr so sein
nie mehr so nah
die Tatsachen nüchtern betrachtet
da ist mein Yang
wo ist mein Yin
wo ist es hin?
Zerrieben in deinen Zweifeln
zerschellt an deiner Angst

Im Dialog

Rettendes Ufer, wo bist du
kaum greifbar – da ist kein Ast
zutiefst verletzt im Kopf
nur der eine Liebling drin
der umher tobt frisch vermählt

Hirngespinste vielleicht
doch maßlos beherrschend
das Geschehen zieht vorbei
angefacht ohne Zutun

Ich weiß nicht mehr
was ich noch begreife
im Dialog mit mir selbst

Kein Prinz

Bin zwar kein Prinz
doch zumindest ein Bärchen
und ich bin wahrhaft -
nicht bloß im Märchen

Eine schicke mietfreie Wohnung
in der sich `s aushalten lässt
und ein treuer Freund
der dich niemals verlässt

Zutiefst ehrlich
und zudem verständnisvoll
zärtlich und wenn du willst
auch manchmal liebestoll

Ein flotter Wagen
zwar nicht groß, aber immerhin
fährt er doch sicher
und bringt dich überall hin

Am Campingplatz
mal was ganz anderes sehen
mit dem Hund
stundenlang spazieren gehen

Wenn dir an alledem
trotzdem nichts liegt
haben dich die bösen Geister
für immer besiegt

Sado-Maso

Ach Mädel
was soll ich mit dir tun
kann man dir denn gar nicht helfen
und lernen tust du `s nie
verkennst mit tödlicher Sicherheit
die Lage
willst auch gar nicht sehen
was gut ist und was schlecht
willst dich mit Absicht quälen

Sado-Maso ist zwar nicht übel
aber so
gehst du stets zielgerecht
an deinem Glück vorbei

Der richtige Zeitpunkt

Das ist immer so eine Sache
den richtigen Zeitpunkt zu finden
für Worte
für Gesten
für Taten
besonders zu Krisenzeiten
fragiles Unterfangen
ein Tanz auf dem Vulkan
Spaziergang auf dünnem Eis

Als ich flehte
ich will dich nicht verlieren
hatte ich dich
in Wirklichkeit bereits verloren

Mäandernd zu uns

Ich saufe Wasser
aus dem Rinnsal
der vergeblichen Hoffnung
mit dem letzten Strohhalm
der mir blieb

Möge mich laben
und weiterbringen
auf meiner Reise
die mich linksrum treibt
die mich rechtsrum treibt
immerzu mäandernd
nie mehr geradeaus
zu uns

Hoffenstod

Alter Junge, die Zeit zieht vorbei
du lässt sie ziehen
die rosa Brille
die du stets trugst
ist vor Schimmel schmutzig grün

Es läuft alles
auf den Tod hinaus
Tod des Hoffens auf Raten
doch wenn schon dann
mit Fanfaren und Standarten

Die EINE will nicht mehr
eine andere gibt es nicht
und du versuchst
zu verstehen im kalten Wind
mit Tränen im Gesicht

Sachlicher Bericht

Eigentlich war sie gekommen, um die Beziehung zu beenden. Doch sie begannen zu reden. Und je mehr sie redeten, umso unübersichtlicher wurde die Lage. Mitten in diesem Kuddelmuddel der Worte packte er sie in einem plötzlichen Anfall der Begierde, drängte sie auf `s Bett und liebkoste sie mit aller ihm zur Verfügung stehenden Zärtlichkeit am gesamten Körper. Sie ließ es nicht nur mit sich geschehen, sondern erwiderte sein Treiben.

Nachher rauchten sie unter gemeinsamen Schweigen und gesenkten Blicks eine Zigarette und verabschiedeten sich.

Nach Hause gekommen rief sie ihn an, wünschte ihm schöne Gedanken und einen ruhigen Schlaf; er solle sich keine Sorgen machen und küsste ihn mehrfach durch den Hörer liebevoll in die Nacht.

Vorteil

Höre in dich hinein
folge deinem Herzen
was willst du, wohin?
Die selben Fragen wie am Anfang
finde ihre Antwort heraus

Du erwähntest im Gespräch
dir geht etwas ab
die letzten Prozente
da kann ich auch nicht helfen
das musst du selber tun

Und es freut mich insgeheim
Schadenfreude ist es nicht
nur so für mich
gegenüber dir bin ich im Vorteil
kein Wankelmut – ich bin fest!

Krieger

Du hast gedacht
es gehe ganz leicht
ich ergebe mich dem Schicksal
sauberer Schlussstrich
Drops gelutscht

Du hast gedacht
das ist endlich das Ende der Reise
auch wenn es wehtut
klares Verhältnis
Problem gelöst

Falsch gedacht, mein Schatz
fester Blick in überraschte Augen
ich werde alles geben!
Ich Krieger!!
Ich kämpfe!!!

Nachwort

Vielleicht ist der Kampf vergeblich.
Noch ist nichts entschieden,
er dauert noch. Auch wenn
ich ihn verliere, möchte ich mich
für die gemeinsame Zeit bedanken
und ausdrücklich dafür, dass du
meine Sinne und mein Empfinden
wieder zum Leben erweckt hast.
Ich hoffe, du mögest glücklich sein!

A.D.

Herstellung und Verlag:
BoD – Books on Demand, Norderstedt
ISBN 978-3-7386-1309-4